El mercado financiero puede ser particularmente beneficioso para todos aquellos inversores que deciden basar su estrategia en ciertos principios que históricamente han llevado al éxito. En particular, los traders que a lo largo de los años han logrado destacarse de los demás son aquellos que han identificado algunas inversiones del mercado por adelantado, actuando en consecuencia.

El análisis técnico se centra con precisión en el estudio de comportamientos que pueden causar una inversión de tendencia. Inicialmente, los principios contenidos en ella sólo se aplicaban en el mercado de valores. Hoy en día, sin embargo, el análisis técnico se aplica, a veces con gran éxito, a los mercados de bonos, mercados de divisas y mercados de materias primas. Sin embargo, el analista técnico debe estar alejado de todos los demás actores del mercado, debe tomar ideas que contrasten con las posiciones tomadas por la mayoría de los traders y debe centrar su análisis en pronósticos hipotéticamente válidos del rendimiento del mercado.

Actuar de esta manera en el mercado, sin embargo, requiere una actitud especial y sobre todo compromiso y perseverancia. La fase de estudio del mercado puede ser agotadora, pero, gracias a la informática y la tecnología, hoy en día este paso se puede hacer más fácil y rápido. A pesar de la ayuda proporcionada por los gráficos, indicadores y osciladores, el analista técnico debe seguir siendo capaz de interpretar el mercado, debe conocer las condiciones en las que basar su estrategia y debe crear un sistema personal que le permita interpretar el mercado, debe conocer las condiciones en las que basar su estrategia y debe crear un sistema personal que permita gestionar racionalmente su capital y el riesgo inherente a la actividad del trading. Por lo tanto, el Análisis Técnico le permite tener una base sólida sobre la que basar sus inversiones, con una garantía de éxito, si se aplica correctamente, bastante amplia.

Resumen

Nessuna voce di sommario trovata.

Capítulo 1 – ¿Qué es el análisis técnico?

Al igual que cualquier método de análisis y cada estrategia de inversión dentro de un mercado financiero, el análisis técnico no debe imaginarse como una herramienta infalible, capaz de generar beneficios constantes sin asumir ningún riesgo. De hecho, este análisis también tiene muchos méritos y defectos, y requiere un estudio y aplicación en el tema que puede ser muy caro, tanto económica como personalmente, ya que requiere tiempo y mucho esfuerzo.

Al mismo tiempo, cuando se aplica con precisión, acompañado de una excelente estrategia de gestión de riesgos y una estrategia de gestión de capital igualmente positiva, el análisis técnico puede ser eficaz. Por supuesto, para cada inversor, la mejor manera de lograr el éxito en el trading es combinar y armonizar múltiples tipos de análisis, en particular el Análisis Técnico y el Análisis Fundamental, con el fin de explotar en cada uno de ellos las fortalezas, tratando de llenar los vacíos, por más incandescentes que sean.

El Análisis Técnico basa su enfoque hacia el mundo del trading y los mercados financieros en el estudio, estadística y analítica de las tendencias históricas y las evoluciones mostradas por las tendencias observadas en períodos pasados, de manera que se deriven informaciones que pueden ayudar al trader a entender cuál será la tendencia futura probable de los niveles de precios.

Así que el objetivo de este análisis no es proporcionar un método instantáneo capaz de generar beneficios, sino enriquecer al trader con noticias, información y conciencia que le permitirá estudiar el mejor enfoque posible para el trading y para ampliar sus conocimientos. De esta manera, el analista técnico será capaz no sólo de entender lo que realmente está sucediendo en los mercados financieros en un momento dado, sino también de rastrear las razones que han causado una cierta fluctuación en el nivel de precios. Sólo de esta manera, teniendo una visión clara y completa de todo el trading y su evolución, el trader puede entrar más profundamente dentro de los mecanismos que mueven y modifican cada activo, descubriendo cuáles son los bonos y relaciones que cada uno de los instrumentos financieros conecta con los sujetos y con los demás elementos presentes tanto dentro como fuera del mercado, aumentando sus posibilidades de éxito y, en consecuencia, permaneciendo en el mercado a medio y a largo plazo.

Los supuestos básicos del Análisis Técnico

Cada análisis técnico debe basarse en algunos supuestos, necesarios para que el trader pueda encontrar el método de funcionamiento adecuado que debe adaptarse de acuerdo con su propia estrategia y objetivos establecidos. En primer lugar, un análisis técnico adecuado debe basarse en la idea de que las fluctuaciones en el mercado son el resultado de una constante batalla ideológica y pragmática librada entre compradores y vendedores. Esta lucha incesante tiene una consecuencia fundamental, es decir, que el mercado lo está descontando todo. Esto significa que el movimiento de precios ya incluye todos los factores sociales, políticos, económicos e ideológicos que han influido en su evolución. Además, esta suposición implica que la fluctuación que cada trader puede observar en un mercado financiero no es de ninguna manera el resultado de la aleatoriedad, sino que se debe al conjunto de acciones puestas en práctica por las partes activas, de forma constante, abrupta y especialmente voluntaria.

Dicho esto, la primera asunción del análisis técnico se basa en la noción de que el analista no debe investigar ni entender cuáles son las motivaciones que llevaron a una cierta oscilación, porque estas ya están implícitas dentro de lo previamente negociado entre vendedores y compradores. Es precisamente en este sentido que es posible decir que el mercado lo está descontando todo.

Una segunda suposición puede ser identificada en la idea de que cada movimiento que tiene lugar dentro del mercado es el resultado de una ley, más física que financiera, de causa y efecto. En este sentido, cualquier movimiento de precio similar se puede remontar a una causa similar, que tiende a repetirse con el tiempo. Los participantes en el mercado, de hecho, actúan de forma repetitiva, no pudiendo controlar sus propias actitudes. Esto significa que la historia de una tendencia tiende a repetirse con el tiempo, aunque sería más correcto decir que son las actitudes de los traders y las diversas negociaciones las que se repiten, generando así fluctuaciones similares.

Por último, hay una tercera suposición, que es esencial para que cada trader implemente un análisis técnico correcto. Este es el concepto de validez de las tendencias, lo que lleva a los inversores a pensar que es más correcto imaginar que la tendencia continúa en la dirección emprendida obstinadamente, hasta que haya una señal obvia que identifique una reversión de la tendencia. Esta suposición es seguida literalmente, por un tipo particular de trader, son conocidos como seguidores de tendencias, que tienden a perseguir la tendencia sin tratar de anticipar una posible inversión de tendencia.

Además de los tres supuestos básicos del Análisis Técnico hay conceptos que cada inversor no debe descuidar, incluso si estos pueden parecer obvios. De hecho, todo el mundo sabe que el mercado financiero es ineficiente. Esto significa que la negociación entre los dos jugadores en las fluctuaciones de precios no siempre conduce a resultados óptimos para ambas partes.

Generalmente, una de las dos fuerzas prevalece sobre la otra, generando fluctuaciones que hacen que los precios desfavorezcan fuertemente la parte débil de la relación. Pocas veces, sin embargo, las fuerzas de las dos partes son las mismas que alcanzar el nivel óptimo de precios en el mercado. Este escenario sería una oportunidad única para cualquier trader, que podría invertir de acuerdo con la eficacia del mercado.

Un segundo concepto se puede encontrar en la idea de que el mercado, además de ser ineficaz, también es irracional. De hecho, los participantes a menudo se mueven por sentimientos que conducen a un error, generando fluctuaciones impredecibles en el nivel de precios. Un trader que pasa por una larga fase negativa, por ejemplo, es inducido a aumentar su inversión, sabiendo que tarde o temprano esta tendencia tendrá que terminar. Por lo tanto, cada acción llevada a cabo en el mercado sigue la irracionalidad humana, a menudo dando lugar a errores triviales o evitables. Por esta razón, muchos traders tratan de eliminar de su estrategia comercial el elemento emocional confiando en sistemas totalmente automatizados, que basan las inversiones sólo en datos y estadísticas objetivas, optimizando la relación entre el rendimiento y el riesgo.

Qué significan y cómo se mueven los precios

La característica principal del Análisis Técnico, que lo distingue de todos los demás tipos de análisis, es precisamente la interpretación del mercado como una batalla financiera incesante entre compradores y vendedores. Este punto de vista cambia necesariamente el enfoque no a los factores que influyen en las diversas fluctuaciones del mercado, sino directamente a los precios. En su lugar, el objetivo es inferir las compras probablemente rentables o las ventas rentables de posiciones abiertas por los traders, dependiendo del escenario profetizado. La misma fluctuación, vista por el analista técnico como resultado de la batalla entre los actores del mercado, puede ser interpretada por el analista fundamental como un efecto de las comunicaciones corporativas, que puede estar relacionada con la conclusión de una o simplemente la publicación de un balance, positivo o negativo, al final del ejercicio.

El inversor en efectivo, por otro lado, verá la oscilación como resultado del cambio en la tasa de inflación. Esto no significa, sin embargo, que un procedimiento es mejor que otro, sino que las interpretaciones dentro del mercado financiero pueden ser más difíciles, todas dictadas por conceptos correctos, pero cada una tiene defectos, debido esencialmente a que es imposible predecir el futuro.

Mediante un análisis técnico, por lo tanto, se insta al trader a examinar los niveles de precios individuales y los gráficos que los contienen, basando su estudio en una base estadística y matemática sólida, con el fin de identificar incoherencias que podrían alterar la tendencia hacia arriba o hacia abajo. Precisamente por esta razón, el Análisis Técnico requiere del inversor un esfuerzo particular en el período que anticipa la entrada y salida del mercado, pero también un mayor apetito de riesgo que el trader tradicional, apoyado por una mayor conciencia del mecanismo vigente en el mercado y la comprensión de todos los procesos que están afectando a la fluctuación de la tendencia. Además, el analista técnico debe ser aún más dinámico y activo que todos los demás analistas, y esto depende precisamente de la metodología por la que se acerca al mercado. Sin embargo, el análisis técnico es criticado por muchos expertos en el mundo del comercio, especialmente debido a uno de sus principales supuestos.

De hecho, según muchos críticos, no es correcto pensar que cada evento financiero puede ser descontado en los precios. Los gráficos, incluso siguiendo esta lógica, todavía no serían capaces de entender de antemano las fluctuaciones futuras en los precios, pero ofrecerían al trader sólo una imagen instantánea de la situación del mercado. Esto en realidad se puede corregir en parte: muchos traders profesionales confían en el análisis técnico, logrando excelentes resultados incluso a largo plazo, por lo que es seguro pensar que este tipo de análisis, apoyado por buenas estrategias de gestión de capital y riesgos, puede funcionar.

El análisis técnico, por supuesto, se basa en la idea de las tendencias, entendidas como una medida cualitativa del nivel de precios y su evolución, en un intervalo de tiempo dado. Los analistas identifican tres tendencias: primaria, intermedia y a corto plazo.

Tendencia primaria

Una tendencia se define como primaria cuando su tendencia se desarrolla constantemente en un intervalo de tiempo que va de uno a dos años. Es la tendencia que persigue obstinadamente el llamado seguimiento de la tendencia. Puede ser a la vez ascendente y descendente y se manifiesta tanto en los mercados de renta variable como de bonos y de materias primas. El modelo teórico de una tendencia primaria presenta una fase inicial ascendente que, una vez alcanzada el punto máximo, continúa en una nueva tendencia a la baja de igual duración en comparación con la primera. En realidad, estas duraciones no siempre coinciden, y generalmente los traders abren sus posiciones siguiendo la tendencia primaria sin asumir una posible inversión de la dirección.

Trend intermedio

La tendencia primaria, tanto en sus fases ascendentes como descendentes, no muestra una tendencia lineal, pero fluctúa continuamente sobre la base de las reacciones de los actores activos en el mercado. Estas oscilaciones se denominan tendencias intermedias y se definen como tendencias anticíclicas dentro de la tendencia primaria.

Son significativamente más cortas que los de la tendencia primaria, ya que es posible observar tendencias intermedias para períodos que van desde tres semanas hasta seis meses. Los traders estudian tendencias intermedias tanto para obtener beneficios a medio plazo, como para aprovechar algunas ventajas que ofrecen las operaciones a corto plazo, que son especialmente fructíferas si se hacen en el sector inmobiliario, pero no sólo. La tendencia intermedia es de hecho mantenida constantemente bajo observación por los traders que quieren identificar cualquier signo de una probable desaceleración en la fuerza de la tendencia que resultaría en un posible cambio de tendencia.

Tendencia a corto plazo

A su vez, incluso las tendencias intermedias pueden verse interrumpidas y alteradas por oscilaciones de poca identidad y de corto plazo. Estas oscilaciones, definidas como tendencias a corto plazo, pueden durar hasta cuatro semanas. Este tipo de tendencias son difíciles de detectar y están influenciadas por eventos sociales, políticos y económicos aleatorios. Por supuesto, un trader tiende a identificar tendencias a corto plazo que duran al menos tres semanas, mientras que las tendencias más cortas, además de ser más difíciles de identificar, no ofrecen garantías suficientes para hacer una inversión rentable.

El modelo del ciclo de mercado

En un mercado financiero, por lo tanto, los precios están influenciados por diferentes tendencias, y es crucial para un analista técnico identificar cuál es la más importante de ellas, para que pueda ser monitoreada a lo largo del tiempo. Específicamente, los trend following están especialmente interesados en eventos que pueden afectar a la tendencia de la tendencia primaria, pero al mismo tiempo no pueden excluir completamente el seguimiento de las tendencias intermedias, que todavía podrían ofrecer información sobre la fuerza que posee la tendencia primaria.

Para este tipo de inversor es esencial tratar de entender cuál es el nivel de madurez de la tendencia primaria. Para ello, es importante profundizar en las relaciones intercurrentes entre las tendencias intermedias y a corto plazo, a fin de comprender cómo y con qué entidades son capaces de influir en la tendencia primaria. Por otro lado, quienes deciden invertir en mercados de futuros analizan principalmente las tendencias a corto plazo, ya que basan sus beneficios en las más mínimas fluctuaciones en el nivel de precios. Sin embargo, sólo pueden invertir con éxito una vez que entienden en qué dirección está la tendencia principal, observando las tendencias intermedias en el mercado.

La necesidad de entender plenamente todo el mercado radica en el hecho de que las tendencias a corto plazo muestran una excursión mayor cuando siguen la misma dirección que la tendencia primaria o intermedia. Los traders, por otro lado, publican las mayores pérdidas cuando la tendencia a corto plazo muestra una tendencia opuesta a la de la tendencia primaria y la tendencia intermedia. Esto forma parte del modelo del ciclo de mercado e indica lo importante y al mismo tiempo lo difícil que es analizar un mercado.

Comprender el mercado es crucial tanto para un analista técnico propenso a la inversión a largo plazo, conocido como un inversor, como para un analista propenso a la inversión a corto plazo conocido como trader. Con la llegada de las computadoras personales y la tecnología, los traders han visto que las formas de entrar al mercado se vuelven más fáciles. Internet les permite realizar operaciones desde cualquier lugar, con el único requisito de tener una conexión lo suficientemente estable, en tiempo real: de esta manera el trader puede invertir rápidamente en base al análisis del mercado. Por lo tanto, es posible aplicar los principios detrás del Análisis Técnico a las tendencias intermedias y a corto plazo en el mercado.

Por supuesto, hay diferencias entre las tendencias intermedias y las tendencias a largo plazo. En primer lugar, cualquier cambio en la tendencia intermedia tendría poca importancia para un cambio en la tendencia primaria. Una segunda diferencia es que las tendencias a muy corto plazo son mucho más susceptibles a las noticias económicas y a las reacciones de otros participantes en el mercado.

Como resultado, es posible identificar en estas tendencias una volatilidad mucho mayor que, además de facilitar la información sobre la tendencia del mercado, permite a los inversores dedicar mucha menos atención al estudio de los precios que el de la tendencias a largo plazo. Múltiples tendencias primarias forman la llamada tendencia a largo plazo. Esto se define en la jerga técnica como una tendencia secular y se desarrolla en un marco de tiempo muy amplio, que puede ser de hasta veinticinco años de edad. Una vez identificada esta tendencia "secular", los inversores pueden actuar sobre las tendencias primarias de la misma manera que los traders actúan sobre las tendencias intermedias: las tendencias primarias, de hecho, aumentan su intensidad si su tendencia sigue la de la tendencia secular, mientras que ralentizan su tendencia si la dirección tomada es opuesta a la de las tendencias a muy largo plazo.

Mercados financieros

Los mercados financieros y las tendencias de los instrumentos financieros contenidos en ellos están estrechamente vinculados a las expectativas depositadas en la evolución de la economía por los inversores, pero también a los efectos directos que la evolución económica puede tener en el precio e incluso en la actitud psicológica que posee cada trader o cualquier otro sujeto activo en el mercado, hacia los factores fundamentales.

Por supuesto, una economía en expansión favorece los precios de las acciones y, por otro lado, una economía a la baja conduce a un aumento de los precios de los bonos, mientras que una economía inflacionaria favorece algunos productos básicos, como el oro y todos los valores relacionados con él. Estos tres mercados, en un intento de anticiparse a tres situaciones diferentes, se mueven en direcciones opuestas al mismo tiempo, mostrando toda la inestabilidad del mundo financiero. En realidad, por lo tanto, rara vez se puede ver una economía estable, es decir, una economía flotante alrededor de una línea media imaginaria, conocida como línea de equilibrio. Coincidiendo con el equilibrio, el crecimiento económico no sería nada, es decir, ni en expansión ni en recesión. Pero precisamente debido al gran número de fuerzas que actúan sobre él y a la influencia de su movimiento y evolución, la economía nunca puede ser identificada en la línea de equilibrio teórica.

Dependiendo de la maduración del mercado financiero, algunos elementos muestran una tendencia al alza, apoyada por una fuerte intensidad, mientras que otros elementos pueden mostrar una tendencia a la baja, y luego intercambiar roles en otras etapas del mercado. Los propios traders nunca querrían que el mercado financiero suela estar en la línea de equilibrio durante largos períodos, ya que es mucho más difícil obtener ganancias durante estas fases. Cada inversor, además de seguir una cierta tendencia, trata de identificar lo que puede ser un punto máximo o un punto mínimo del nivel de precios, ya que es precisamente anticipar una posible inversión en la tendencia donde se pueden obtener los mejores beneficios. Al mismo tiempo, a medida que la tendencia se aleja de su línea de equilibrio, se vuelve cada vez más inestable y, más allá de cierto nivel, las posibilidades de que revierta la tendencia de su evolución de un momento a otro están aumentando.

Si la distancia que aleja la tendencia de su línea de equilibrio es amplia, la fuerza impresa en su tendencia una vez que la tendencia se invierte se considera casi proporcional a la que la llevó hacia arriba y por lo tanto es probable que llegue a un punto de línea de equilibrio tanto como el punto máximo que acaba de tocar. En general, sin embargo, las fases expansivas tienen una duración más larga que en tiempos de recesión.

Los toros y osos, considerados los jugadores más activos, tratan de aprovechar los diversos períodos de up y down de los diversos mercados, como la renta variable, el oro y los bonos, centrando sus estrategias también en la duración de cada fase. Cada uno de estos mercados, sin embargo, muestra una correlación con el ciclo económico teórico, con diferentes fases expansivas y recesivas, también debido al comportamiento de los toros y osos, que compran y venden sus posiciones tratando de explotar la diferentes avances en las tendencias de los precios.

Una vez que el mercado de bonos ha alcanzado un punto bajo, la economía entra en recesión, y los inversores se dan cuenta de que la tendencia pronto podría invertir su curso y, por esta razón, abren posiciones en él, iniciando la recuperación. Esta recuperación tiene la consecuencia de aumentar la tasa de inflación y, por lo tanto, el mercado del oro invierte la tendencia, pasando de una fase descendente a una fase ascendente. Lograr un punto bajo en el mercado de bonos, por lo tanto, implica una fase durante la cual todos los mercados están al día. Sin embargo, este escenario tiene una duración muy corta: de hecho, la fase al alza también se refiere a los tipos de interés, que son inversamente proporcionales a los bonos. Esto significa que una fase al alza de la economía conduce a un punto máximo en el mercado de bonos, lo que resulta en una reversión de la tendencia.

Todos los demás mercados, por otro lado, continúan en su fase ascendente, ya que el activo tiene exceso de capital y mano de obra. Sin embargo, los inversores pronto se darán cuenta de que la economía se está quedando sin intensidad y para ellos los beneficios tenderán a caer: ya no tiene sentido que dejen sus posiciones abiertas dentro del mercado y, cerrándolas, reanudará la tendencia a la baja hasta que el mercado de valores alcance un nuevo punto bajo.

Las diversas teorías del Análisis Técnico

El Análisis Técnico de hoy es el resultado de una serie de teorías y técnicas desarrolladas a lo largo de los años, que se han ido optimizando lentamente y adaptando a los mercados en evolución, con el fin de lograr resultados cada vez mejores, capaces de reducir el nivel de riesgo y aumentar Rendimiento.

Ralph Nelson Elliot, a principios del siglo XX, dio a luz una teoría basada en el concepto de que las fluctuaciones del mercado no son el resultado de la casualidad. Según Elliot, de hecho, el mercado tiende a seguir comportamientos, o leyes reales, basado en la idea de la secuencia de

Fibonacci. Era una hipótesis muy innovadora para Elliot, ya que significaba que era posible hacer predicciones sobre las tendencias futuras del mercado. Las fluctuaciones de precios, es decir, los desarrollos al alza y a la baja, siguen la secuencia de "ondas" de una manera constante y casi monótona. Elliot en su teoría también creó una estructura estándar de rendimiento del mercado, que consiste en hasta cinco ondas, que siguen la dirección de la tendencia primaria, y otras tres ondas, de menor magnitud y duración, que siguen una dirección opuesta de la primera y que tienen la función de corregir el nivel de precio.

A lo largo de los años, otros teóricos, incluyendo Miner, Prechter y Frost, han impuesto algunas reglas con respecto a la fuerza, durabilidad y dirección de la tendencia, para tratar de refinar toda la teoría de Elliot. De hecho, esta teoría, para tener una buena probabilidad de éxito debe ser apoyada y por indicadores y osciladores adicionales, capaces de captar señales de mercado y proporcionar al inversor una base más sólida para el análisis de mercado.

Además de la teoría de Elliot, el análisis técnico también se basa en las reglas de la teoría de Gann. William D. Gann fue uno de los traders más conocidos en la historia del mercado financiero, ya que al implementar su técnica comercial logró tener éxito en el momento económico más oscuro, es decir, durante la Gran Depresión, implementando su propia capital de unos 50 millones de dólares. Gann fundó su negocio comercial bajo reglas precisas, veinticuatro, que garantizan una amplia posibilidad de éxito. Con su técnica Gann, a partir de 1933, abrió 479 operaciones, ganando 422, aumentando el capital asignado en más de 4000%. Los increíbles números de Gann han llevado a millones de traders a lo largo de los años a estudiar sus bases y adoptar las reglas establecidas en su teoría. Hoy en día, muchos sistemas de trading, o sistemas de trading automatizados, se pueden utilizar estableciendo las veinticuatro reglas de la teoría de Gann, para que el sistema pueda abrir y cerrar posiciones con una mayor probabilidad de éxito. William Gann incluyó sus reglas en el libro "45 Años en Wall Street", publicado en 1949. Además de las reglas, este texto también contiene muchos otros consejos que Gann ha decidido difundir a todos los traders. También desarrolló uno de los instrumentos más formidables en el mercado de valores, conocido como el fan de Gann, que permite un análisis detallado del rendimiento de los instrumentos financieros.

Incluso hoy en día, a pesar de la profunda transformación que ha implicado tanto los mercados financieros como los instrumentos negociados en él, debido a la globalización cada vez más acentuada, que ha afectado a todo el mundo económico, ha permitido a los traders que las veinticuatro reglas de la teoría de Gann sigan siendo válidas.

Se garantiza que los inversores que decidan adoptar este modo de negociación tengan una base sólida sobre la que basar su estrategia de análisis técnico, que a su vez debe coordinarse sobre la base de los objetivos anteriormente establecidos. Gann basó su teoría en el estudio en profundidad de series históricas, pero también en el análisis de las cíclicas de eventos que pueden influir directa o indirectamente en el mercado financiero. Con el fin de entender lo siguiente, sin embargo, es necesario leer cuidadosamente toda la declaración propuesta por Gann y no sería suficiente solo observar rápidamente las reglas y luego sumergirse en el trading con esperanza de obtener rápidamente beneficios. Por supuesto, sin embargo, la teoría más exitosa dentro del mundo del comercio es la ideada por Dow, que se considera el principio real en el que el análisis técnico ha fundado sus raíces.

Capítulo 2 – La Teoría de Dow

La teoría más importante y antigua del análisis técnico es la teoría del Dow, que todos los traders deben saber. Los orígenes de esta teoría se remontan a 1882, cuando Charles Dow cofundó con Edward Jones una compañía llamada Dow Jones & Co., introduciendo en 1884 un índice bursátil fundamental todavía hoy para el análisis del mercado financiero estadounidense, el conocido Dow Jones Industrial.

Dow también fue el fundador de uno de los periódicos financieros más grandes del mundo, el Wall Street Journal, en el que publicó una serie de artículos que explican el desempeño de los mercados financieros a través del uso de gráficos, expresando su visión del mercado de Bolsa.

Fue el primero en dirigir su atención al comportamiento del inversor para hacer predicciones futuras de posibles ciclos de mercado. Sin embargo, sus teorías nunca fueron recopiladas, hasta varios años después de su muerte: en 1932, se publicó un libro llamado Dow Theory, que resultó ser una verdadera teoría económica, que creó las condiciones para el desarrollo del análisis técnico de los mercados financieros. La Teoría Dow se basa en el análisis de la economía mundial y el mercado, para evaluar con precisión la dirección que tomará la acción o la tendencia. Gracias a esta teoría, se han creado índices para estimar las condiciones económicas de las empresas industriales y ferroviarias, específicamente el Dow Jones Industrial y el Dow Jones Index Rail, actualmente llamado Transportation Index, sin embargo, casi todos los conceptos expresados por esta teoría también son aplicables a otros índices. La Teoría Dow sigue siendo la base del Análisis Técnico, después de más de 100 años de su concepción.

Los seis puntos clave de la Teoría de Dow

La teoría de Dow se basa en seis principios básicos, identificables suponiendo que el índice de precios de las acciones refleje la emocionalidad y las decisiones tomadas por todos los actores del mercado, a través de un proceso que descuenta cualquier cosa que pueda afectar la oferta y la demanda de cualquier manera. Así que los seis principios se pueden enumerar de la siguiente manera: los precios lo descuentan todo, el mercado consta de tres tendencias, la tendencia primaria se divide en tres fases, los índices en el mercado deben confirmarse entre sí, el volumen debe confirmar la tendencia, la tendencia está hasta que se haga una señal de reversión definitiva.

Los precios lo descuentan todo

El primer punto de la Teoría del Dow establece que los precios descuentan cualquier cosa que pueda afectar la oferta y la demanda en el mercado de valores. Por lo tanto, la premisa es asimilar en los precios todos aquellos elementos que no se pueden prever de antemano. De hecho, una nueva noticia o una voz es suficiente para desestabilizar el mercado, pero se debe ser capaz de adaptar e incorporar cada evento, adaptando el precio. Por lo tanto, es posible decir que el mercado asimila todo sobre él en el mismo momento en que se dio a conocer la información, por lo que los traders no tendrán que documentarse a sí mismos en relación con eventos que podrían afectarla.

Con cada cambio externo, el mercado de valores se autorregula, a través de una reevaluación. Este principio está en el corazón del Análisis Técnico, pero no significa que los traders no tengan que tener las habilidades fundamentales en relación con el mercado y cuando sea apropiado o no abrir una posición, ya que de otra manera podrían incurrir en sustanciales pérdidas de capital.

El mercado tiene tres tendencias

El segundo principio de la Teoría del Dow supone que el mercado de valores tiene tres tendencias, el movimiento primario, las reacciones secundarias y los movimientos menores, que difieren entre sí, especialmente en duración.

El movimiento o tendencia primaria es el más importante y su tendencia puede durar desde un año hasta varios años. Su tendencia puede ser ascendente, llamada alcista, o hacia abajo, llamada bajista. En el primer caso los actores del mercado son los toros, que se mueven en el momento en que los precios alcanzan mínimos y máximos decrecientes, en la fase de tendencia bajista del mercado. En el segundo caso, sin embargo, los actores del mercado son los osos, que actúan cuando los precios alcanzan mínimos y máximos crecientes, y por lo tanto el mercado está en una fase de tendencia alcista.

Las reacciones o tendencias secundarias o intermedias se mueven en la dirección opuesta a la tendencia primaria y representan pasos correctivos. Así que, si la tendencia principal está al alza, las tendencias secundarias estarán a la baja o serán fases de corrección o consolidación, viceversa si la tendencia primaria está a la baja, las tendencias secundarias están al alza o pueden constituir fases laterales. Este tipo de tendencia suele tener una duración media de tres semanas a tres meses. Las reacciones secundarias son generalmente entre 1/3 y 2/3 de la tendencia principal, y se caracterizan por un mayor grado de volatilidad.

El tercer movimiento del mercado es la tendencia menor, que dura menos de tres semanas. Esta tendencia normalmente incluye movimientos correctivos de la tendencia secundaria o movimientos contrarios a ella. Dada la corta duración, este movimiento no es reconocido como fundamental por los partidarios de la Teoría Dow, que en realidad lo utilizan para tener una visión general del mercado junto con las otras dos tendencias. Analizar las tendencias menores es de hecho muy arriesgado, ya que podría tener una visión no racional del mercado que afectaría la forma en la cual operar.

La tendencia primaria tiene tres fases

El tercer punto de la Teoría Dow se basa en la suposición de que la tendencia primaria tiene tres fases: la fase de acumulación, la fase de participación y la fase de distribución. La fase de acumulación surge como resultado de las compras de los inversores más informados y más astutos, en un momento en que creen que el mercado ya ha asimilado todas las noticias negativas. En un mercado de tendencia al alza, esta fase coincide con el comienzo de la tendencia alcista, es decir, con la baja de una tendencia a la baja en la mayoría de los casos.

En el caso de un mercado al alza, la fase de acumulación es compleja de identificar, ya que se puede intercambiar por oscilaciones simples dentro de un rango determinado, pero el análisis técnico puede facilitar esta detección, gracias al hecho de que esta fase puede ser precedida por una fase en la que se consolida una tendencia a la baja anterior. Por lo tanto, el mercado se encuentra en una fase lateral y los que no disponen de información suficiente prefieren ser cautelosos y no invertir, generando así pequeñas diferencias de precios, ya que pocas personas invierten, solo los llamados grandes jugadores.

En la segunda fase, la de la participación, los seguidores de la tendencia se exponen tomando una posición, por lo que los precios suben generando cierta euforia entre los inversores, incluso entre los más escépticos. Esto aumenta la participación pública en el mercado, gracias a la positividad de las noticias.

Sin embargo, cuando se alcanza el pico, pasaremos a la tercera fase, ya que no habrá más inversores dispuestos a comprar.

La tercera fase, es decir, la de la distribución, también llamada fase de exceso, comienza precisamente en el momento en que los inversores más astutos y experimentados comienzan a limitar sus inversiones para evitar perder el beneficio obtenido. Esto provoca un cambio de valor, lo que resulta en una caída de los precios y una caída significativa de la confianza en el mercado, lo que se convierte en un verdadero "pánico" entre los ahorradores. A diferencia de los grandes jugadores, en esta etapa los traders minoristas más pequeños entrarán en el mercado, en un ciclo de compras y ventas con la esperanza de obtener un beneficio, hasta que el precio se desplome a su nivel más bajo. Una vez alcanzado el mínimo, el mercado se recupera y vuelve a la primera fase de la tendencia.

Los índices en el mercado deben confirmarse entre sí

Según la Teoría del Dow, los índices en el mercado, similares entre sí, deben estar relacionados entre sí para estar sujetos a las mismas condiciones económicas, confirmándose así unos a otros.

Según esta teoría, no puede producirse ninguna señal al alza o a la baja si no hay correlación entre el índice industrial Dow Jones y el índice de Trasportation Dow Jones: sólo si ambos índices superan un cierto máximo frente a una tendencia alcista real, o viceversa en el caso de una tendencia a la baja. Si hay una diferencia entre los dos índices, entonces habrá un cambio en la tendencia de uno de los dos, mientras que, si hay correlación, los dos índices no hacen nada más que confirmarse entre sí.

El volumen debe confirmar la tendencia

Cuando las tendencias a la baja o al alza van acompañadas de volúmenes significativos, se confirma la fuerza de las tendencias, según la Teoría de Dow. Si, por el contrario, los volúmenes son relativamente bajos, la tendencia sigue siendo válida, pero no es capaz de mostrar la imagen completa del mercado.

Según Dow, de hecho, los volúmenes acompañan a los movimientos de los precios, actuando como indicadores. El volumen es un indicador secundario que, confirmando el cambio de precio, confirma la tendencia. Así que, si los precios caen o suben, el volumen debe crecer, lo que indica el aumento de aquellos que toman una posición en el mercado.

La tendencia está en vigor hasta una señal definitiva de reversión

Hasta que haya una señal de inversión definitiva, la tendencia permanece en su lugar. Por lo tanto, los inversores siguen la tendencia principal en el mercado financiero, analizando cuidadosamente las fluctuaciones de precios, con el objetivo de aprovechar al máximo los movimientos que van en la misma dirección que la tendencia principal seguida.

De hecho, estas fluctuaciones son más extensas que las interrupciones de consolidación y corrección que pueden producirse. Estas fluctuaciones representan el mejor momento para las inversiones, ya que la relación riesgo-retorno es muy favorable, especialmente en los casos en los que se opera a través del seguimiento de tendencias. Si la tendencia principal está a la baja los traders consideran oportunidades para salir del mercado o vender a corto plazo, si la tendencia principal está al alza, los traders están considerando oportunidades para comprar con bajo riesgo a largo plazo período.

Los toros y osos en el mercado financiero

En el idioma de la bolsa de valores, los nombres de dos animales se utilizan para identificar dos categorías distintas de inversores, toros y osos. El término toro indica un mercado en alza, en el que los inversores se llaman alcistas, y denota la tendencia positiva del mercado. En cambio, el término oso identifica un mercado caracterizado por el pesimismo que conduce a recesiones, en el que los inversores son llamados bajistas. El origen de los dos términos se encuentra en las formas en que estos dos animales atacan a sus presas, con sus cuernos hacia arriba el toro y con las garras hacia abajo por el oso.

Los toros

El mercado de los toros también se llama alcista, y define un mercado con tendencias al alza, lo que anima a los traders a invertir, con determinación y optimismo. Así que cuando el mercado está en esta etapa se caracteriza por una fuerte positividad. La fase del mercado alcista puede durar largos períodos de tiempo, registrando resultados positivos y beneficios.

Invertir su capital en esta etapa puede ser muy rentable, pero a largo plazo puede llevar al mercado a formar las llamadas burbujas especulativas, caracterizadas por un aumento significativo de los precios sin motivación real, debido al aumento de demanda durante un período limitado de tiempo. Si el valor de los valores cae rápidamente, la burbuja especulativa estalla y los inversores perderán todo el dinero invertido.

Según la Teoría del Dow, después de la fase de reventado de la burbuja el ciclo comenzará desde la primera fase de acumulación, en la que el mercado volverá a crecer moderadamente. Así que los mercados alcistas se caracterizan por una demanda muy fuerte y una oferta débil, por lo que hay muchos a los que les gustaría comprar, pero no tantos que están dispuestos a vender, con el consiguiente aumento de los precios.

Los osos

Contrariamente al mercado de los toros, el mercado de los osos se encuentra en un momento de pesimismo y resultados negativos, con una tendencia a la baja de los activos. Este tipo de mercado también se llama bajista y aquellos que invierten en esta etapa obtienen beneficios de las operaciones abiertas más bajas. Los mercados bajistas se caracterizan por continuos retrocesos de precios, que caen por debajo del valor real de los valores, debido a la confusión y el miedo que se extiende entre los inversores pequeños y menos experimentados que tratan de cerrar sus posiciones abiertas incluso a costa de sufrir grandes pérdidas.

La fase bajista del mercado es generalmente el punto de partida para la fase alcista, ya que tras alcanzar los niveles mínimos el mercado volverá a subir, de acuerdo con los principios de la Teoría Del Dow, gracias a la intervención de los inversores más experimentados y "El oso entrará en hibernación" para dar paso a una nueva fase alcista.

Capítulo 3 – Los gráficos, osciladores e indicadores del Análisis Técnico

Con el fin de utilizar los principios del análisis técnico de una manera fructífera, cada trader debe confiar en algunas herramientas que harán que el trading sea más fácil y menos al azar. En primer lugar, los inversores tendrán que utilizar algunos gráficos que puedan informar con precisión y en tiempo real lo que está sucediendo en el mercado financiero y las fluctuaciones de precios de los instrumentos financieros negociados por las diversas partes.

Además de los gráficos también hay osciladores e indicadores. En realidad, estas herramientas pueden ser consideradas ambos indicadores, pero hay una característica que distingue a los osciladores. De hecho, estos últimos se mueven en un cierto rango, balanceándose alrededor de una línea, y resultan ser muy útiles durante las etapas laterales del mercado. Por otro lado, los indicadores tienden a seguir la tendencia directamente, apuntando constantemente y siguiendo el precio. Precisamente por esta razón los indicadores se recomiendan durante las fases de tendencia, especialmente aquellas donde el impulso que mueve la tendencia es fuerte e intenso. Cada herramienta permitirá al analista técnico profundizar los estudios en el mercado, pero también captar las señales que provienen de ella, con el fin de tener una mayor probabilidad de éxito.

No hay que olvidar, sin embargo, que el análisis técnico se ocupa especialmente de los precios individuales y sus evoluciones, por lo que estas herramientas sólo deben utilizarse como ayuda al estudio realizado y no como los únicos elementos a utilizar. En general, el propósito de los gráficos, osciladores e indicadores es identificar una tendencia, entender cuál es su tamaño y, en consecuencia, entender cuál puede ser su duración real antes de que alcance un punto pico y revierta su orientación.

Los gráficos más importantes

El analista técnico utiliza los gráficos para obtener una visión inmediata del rendimiento del mercado. Un trader experimentado es capaz de detectar inmediatamente la presencia de cualquier punto crítico, que implican vacilaciones del mercado, y la entrada o salida de la tendencia de áreas consideradas particularmente ventajosas con el fin de operar.

El gráfico también muestra cuál de los dos actores del mercado, compradores o vendedores, tiene la mayor fortaleza en un momento dado y cómo se mueve la demanda y la curva de suministro. Si la demanda parece mucho más fuerte que la oferta, el trader puede encontrar puntos de apoyo. Los precios en este nivel son excesivamente bajos y por lo tanto es posible asumir una tendencia al alza probable. Por esta razón, los medios de comunicación a menudo coinciden con los mínimos, especialmente los mínimos históricos, que representan el valor más bajo registrado por el precio de un instrumento financiero dado en un intervalo de tiempo que puede ser más o menos ancho.

Por otro lado, la resistencia representa el nivel en el que la oferta prevalece sobre la demanda. La tendencia se está moviendo hacia zonas donde los precios son excesivamente altos y, por lo tanto, sin duda se ajustarán a la baja. El punto más importante de resistencia coincide con el máximo histórico, un nivel más allá del cual es poco probable que la tendencia vuelva a ir. Dependiendo de su función, se pueden distinguir dos tipos diferentes de gráficos: inversión y continuación.

Las cifras de inversión

Siguiendo una tendencia particularmente duradera, es posible observar dentro de un gráfico la formación de una cifra de inversión. La reversión supone que la tendencia observada ha perdido la fuerza y la intensidad necesarias para poder continuar su tendencia direccional, y por lo tanto pronto invertirá su tendencia. La reversión generalmente tiene lugar en modos particulares, que llevan a la línea de precio a formar figuras bien definidas que pueden ser fácilmente identificadas por los traders.

La cifra de inversión más conocida es definitivamente la llamada Cabeza y Hombros. Esta se crea a partir de tres fases separadas. La primera se compone generalmente de una tendencia al alza, con volúmenes muy fuertes, que se corrige inmediatamente por una tendencia bajista, con volúmenes mucho más bajos. A continuación, el gráfico mostrará una V invertida que formará el hombro izquierdo de la figura.

La segunda fase comienza de nuevo con una tendencia alcista y con la superación de los máximos anteriores, pero los volúmenes no aumentan y pronto la tendencia se deslizará hacia abajo de nuevo asumiendo una tendencia a la baja. El punto mínimo de este nuevo V al revés, más ancho que el primero, se colocará cerca del mínimo del hombro izquierdo.

La tercera fase está representada por una V adicional similar a la primera, pero que tiene volúmenes y precios más bajos. Esta figura formará el hombro derecho, siguiendo una línea del cuello hipotética. Esta línea muestra la orientación de la tendencia y para identificarla sólo tienes que unirla por un segmento, los puntos de conjunción entre el cuello y el hombro izquierdo y entre el cuello y el hombro derecho.

La reversión real tendrá lugar como resultado de otra pequeña fase alcista, dando así a los traders tiempo para observar la correcta finalización de la figura y para hacer su inversión, antes de que el valor del precio caiga vertiginosamente. En este punto la línea del cuello se convertirá en una resistencia que el trader debe necesariamente tener en cuenta. Por supuesto, si la tendencia está abajo toda la figura aparecerá al revés, mientras que las tres V, que forman la cabeza y los dos hombros, estarán en la dirección correcta esta vez.

Una segunda cifra de inversión se representa mediante el denominado doble mínimo o doble máximo. Esta cifra representa la situación en la que una tendencia, ya sea alcista o bajista, alcanzará el doble del mismo nivel de precios, pero nunca logrará ir más allá: estos niveles representan los puntos máximos, si la tendencia está al alza, o los puntos bajos, si la tendencia está a la baja. Una vez que la cifra ha terminado, la tendencia invertirá su tendencia. El segundo punto máximo o mínimo puede tener valores ligeramente inferiores o ligeramente superiores al primer punto, respectivamente, pero eso no significa que no esté en presencia de una cifra de inversión. Si para la cabeza y los hombros el analista tuvo que rastrear el triple V, con el medio más grande que los laterales, en este caso es necesario localizar una M, que será recta en caso de doble máximo y volcada en caso de doble mínimo.

A veces, sin embargo, los máximos y mínimos podrían ser tan altos como tres, y por lo tanto vamos a hablar de triple máximo y triple mínimo. En cualquier caso, el analista técnico tendrá que tener en cuenta el valor de los volúmenes relativos al instrumento financiero observado.

La inversión superior o spike representa la tercera cifra de inversión en orden de importancia. Esto se forma siguiendo una tendencia alcista repentina seguida de una tendencia a la baja de igual magnitud que trae la cifra de nuevo al nivel de precio inicial. Posteriormente, la tendencia definitivamente invertirá su tendencia. La característica principal es que la finalización de la figura tiene lugar en un período de tiempo bastante corto: generalmente se refiere a las tendencias secundarias, mientras que sólo se detecta raramente en las tendencias primarias. Además, las reversiones principales se anticipan mediante un aumento injustificado de los volúmenes de mercado, una señal de que el trader debe ser capaz de recibir correctamente con el fin de obtener beneficios.

Las cifras de continuación

Las cifras de continuación identifican en un gráfico los momentos de pausa de la tendencia, como resultado, la tendencia probablemente reanudará su tendencia. Por lo tanto, estas cifras son indispensables, ya que permiten al analista técnico identificar la probable evolución de la tendencia observada. Por lo tanto, es esencial entender cuánto tiempo puede durar la desaceleración de la tendencia antes de reanudar la tendencia, y para ello el analista cumple varias cifras.

La figura de continuación más fácil de reconocer es definitivamente el triángulo. Hay tres patrones de triángulos diferentes: ascendente, descendente y simétrico. Todos generalmente preceden a un cambio repentino en el nivel de precios, ya sea hacia arriba o hacia abajo, que puede ser causado por un cambio en la volatilidad durante un período muy corto de tiempo. El triángulo, sin embargo, es una figura ambigua porque, aunque generalmente va seguido de una continuación de la tendencia, a veces puede anticipar incluso un cambio de tendencia. Los triángulos ascendentes le permiten identificar una serie de máximos y mínimos crecientes, mientras que los triángulos descendentes identifican puntos de altibajos que siguen una línea descendente hipotética. En ambos casos, la siguiente tendencia seguirá la tendencia emprendida por los niveles de precios. En cuanto a los triángulos asimétricos, que identifican una tendencia compuesta de mínimos y máximos de valor cada vez más bajos, formando así una especie de figura de cono, la identificación de la tendencia futura puede parecer más complicada.

Para anticipar la tendencia, por lo tanto, es necesario analizar tanto la tendencia previa a la formación de la figura como los valores de los volúmenes en el mercado. Otra figura de continuación muy utilizada por los traders y analistas técnicos es el rectángulo. Esto describe toda el área de congestión que conduce a una desaceleración de la tendencia antes de que la tendencia repunte. Las tendencias de precios alcanzan una serie de altos y mínimos encerrados en un rango horizontal. Los traders pueden obtener un beneficio ya sea invirtiendo en la reanudación de la tendencia emprendida por el nivel de precios antes de entrar en la zona congestionada, o comprando posiciones en los puntos mínimos para revenderlas en los puntos máximos.

Las cuñas o wedge son figuras de continuación similares a los triángulos, pero que suponen una salida de la figura con una orientación de tendencia opuesta a la de entrada. En comparación con los triángulos, sin embargo, tardan más en completarse y, por lo tanto, requieren un estudio más exhaustivo por parte de los analistas.

Otras figuras de continuación son los flag y los pennant, respectivamente banderas y pancartas. Estas cifras identifican una serie muy corta de máximos y mínimos, con oscilaciones estrechas y rápidas, que siguen una tendencia inversa en comparación con la tendencia inicial y que continúan en la misma tendencia que esta última. Al ser muy rápidos, las banderas y los banderines requieren una presencia constante del analista en el mercado, para que se realicen inversiones rápidas una vez completada la cifra.

Los principales osciladores técnicos

Los osciladores se pueden considerar una subcategoría de indicadores, pero siguen siendo una herramienta de ayuda muy importante para analistas técnicos y traders, especialmente cuando se utilizan durante las llamadas fases laterales del mercado, es decir, durante esas fases en las que no es posible identificar una tendencia real y, por lo tanto, es mucho más difícil obtener beneficios. En comparación con los indicadores, estos instrumentos no siguen directamente la tendencia, sino que oscilan dentro de un rango, enviando señales al trader a medida que aumenta la probabilidad de la tendencia. Hay una serie de osciladores que el trader puede utilizar, dependiendo de su actitud dentro del mercado, pero también dependiendo de los objetivos que pretende alcanzar. Los osciladores principales y más utilizados son las medias móviles, el Momentum, el oscilador estoico, las bandas de Bollinger, el RSI y el MACD.

Medias móviles

Las medias móviles son probablemente el tipo más popular de oscilador utilizado por los traders de todo el mundo. Además de su simplicidad de uso y flexibilidad extrema, la media móvil le permite derivar de las oscilaciones una línea mucho más contundente que el nivel de precios que ayuda a identificar cuál es la tendencia real a seguir.

Existen tres modelos diferentes de medias móviles, es decir, la simple, que garantiza una objetividad en la consideración de los precios individuales analizados, la exponencial, que en cambio se centra en los precios más recientes, y la ponderado, que da mayor importancia a los últimos valores de precios, pero lo hace teniendo en cuenta incluso los valores más antiguos.

El Momentum

Un segundo oscilador muy utilizado por los traders y fundamental para el análisis técnico es el momentum. Este se encarga de analizar la intensidad o al menos la velocidad de la tendencia, teniendo en cuenta el valor del precio en un momento dado y comparándolo con su valor pasado.

Una de las principales características de Momentum es que este instrumento no actúa, como casi cualquier otro oscilador, dentro de un rango positivo, sino que también opera sobre los elementos negativos causados por la presencia de tendencias bajistas. El momentum envía señales cuando la oscilación cruza la línea cero: estas señales son alcistas si el oscilador cambia de valores negativos a valores positivos, mientras que son bajistas si es, al contrario.

El oscilador estoico

El oscilador estoico, ideado por George Lane en la segunda mitad del siglo XX, es un oscilador que actúa sobre la base de dos curvas, llamadas %K y %D. La primera de estas dos curvas se obtiene en el gráfico teniendo en cuenta el porcentaje dado por la relación de un precio de cierre determinado de la tendencia observada a los valores registrados por el mismo precio en un intervalo de tiempo anterior. La segunda curva, por otro lado, no es más que la media móvil de la curva %K.

Las Bandas de Bollinger

Las bandas de Bollinger están representadas gráficamente por tres líneas, la primera se balancea por encima de la tendencia, la segunda por debajo de la tendencia, mientras que la tercera, central, representa un promedio de los valores de precio. Si la tendencia fuera a tocar o superar la banda superior, el mercado se considera en un área de sobrecompra, y lo más probable es que el precio tenderá a quedarse corto; por el contrario, si la tendencia elimina la banda inferior, entonces crea una situación de sobreventa, por lo que el precio pronto subirá. Por lo tanto, la línea superior se considera una resistencia, mientras que la línea inferior se considera un soporte.

El Relative Strength Index (RSI)

El oscilador Relative Strength Index, más conocido por el acrónimo RSI, proporciona señales similares a las lanzadas por las bandas de Bollinger, pero basa su acción en dos líneas, dentro de un rango de 20 a 80. Si la media móvil superara el valor más alto del rango, entonces hay una situación de sobrecompra, viceversa si supera el límite inferior significa que la tendencia ha entrado en una zona de sobreventa. Sin embargo, es crucial que el oscilador RSI no se utilice individualmente. Esto debe ser seguido por una media móvil para lanzar señales. Además, el RSI puede proporcionar excelentes resultados cuando se combina con bandas de Bollinger, una combinación utilizada por la mayoría de los traders.

El Moving Average Convergence-Divergence (MACD)

El oscilador MACD, o Moving Average Convergence-Divergence, le permite combinar múltiples principios básicos de análisis técnico. El MACD basa su enfoque en el cálculo y representación de dos medias móviles, calculadas teniendo en cuenta diferentes intervalos de tiempo, y su diferencia. Una de las dos medias móviles será más rápida que la otra, y la señal de un cambio de tendencia se lanzará tan pronto como las dos líneas se crucen. Si la línea más lenta sigue la nueva tendencia dibujada por la línea más rápida, entonces la fiabilidad de la señal se puede considerar casi segura. Es un oscilador muy extendido y ampliamente utilizado, tanto por los excelentes resultados proporcionados como por su simplicidad.

Los indicadores del mercado

Los indicadores son las herramientas que proporcionan los mejores resultados cuando se utilizan en presencia de una tendencia. De hecho, tienden a perseguir, casi obstinadamente, la tendencia emprendida por el mercado, pero sin tratar de anticipar un posible cambio.

L'Advance-Decline Line (AD Line)

Los indicadores de Advance-Decline Line, también conocidos más simplemente como AD Line, le permiten analizar datos de productos financieros individuales, dividir las existencias más altas de las existencias más bajas y descartar lo mismo en días anteriores. De esta manera el trader puede tener una visión clara de las tendencias en el mercado y su intensidad, para que puedan aplicar su estrategia correctamente. Este indicador se puede utilizar en cualquier tipo de mercado, incluso en materias primas.

El Advance-Decline Volume Line

El Advance-Decline Volume Line es un indicador que analiza los diversos volúmenes de activos individuales, con el fin de proporcionar indicaciones importantes en relación con la intensidad de las tendencias. Se utiliza junto con la línea AD: La línea de volumen AD, de hecho, calcula el volumen de progreso neto y lo agrega a los resultados proporcionados por la línea AD, para identificar la fuerza de tendencia

El Indicador McClellan

El indicador McClellan se utiliza para entender la dirección tomada por la tendencia. Esto envía señales cuando la línea del indicador se cruza con la línea media móvil, o cuando el mercado se encuentra en áreas de sobrecompra y sobreventa. A menudo se combina con el oscilador MACD, con el fin de obtener indicaciones más precisas.

Indicador de Arms (Trin)

El indicador de Arms, también conocido como Trin, es una herramienta muy importante, ya que es utilizado por los analistas técnicos para entender si el volumen del mercado es el resultado de un intercambio que se refiere principalmente a acciones con una tendencia bajista, o valores con tendencia alcista. Si el valor del indicador es mayor que 1.0, entonces la herramienta lanzará señales bajistas, mientras que si el valor es menor que 1.0, lanzará señales alcistas.

El Volatility Index (VIX)

Utilizando el VIX, o índice de volatilidad, se puede calcular la volatilidad esperada en el mercado, con un pronóstico que puede alcanzar un rango máximo de treinta días. Para obtener dicha estimación, el índice de volatilidad realiza un promedio ponderado de la volatilidad de los precios de cada opción individual en el mercado financiero. Comprender cuál podría ser la volatilidad futura de un activo es fundamental, ya que optimiza la relación retorno-riesgo de su estrategia de gestión de capital.

El Put/Call Ratio

El Put/Call Ratio es un indicador que busca el sentimiento del mercado, separando a los compradores de los vendedores en el análisis. De esta manera, el trader puede entender el volumen de operaciones abiertas a la baja, es decir, poner operaciones, y el volumen de operaciones abiertas al alza, es decir, transacciones de llamada.

Conclusiones

Por lo tanto, las claves del éxito del Análisis Técnico se encuentran en dos conceptos: conocimiento y acción. El estudio del mercado debe ir acompañado de una inversión oportuna, con una asignación justa de capital, que no debe ser excesivamente alta o excesivamente baja. Sin embargo, la correcta aplicación de los supuestos a veces no es suficiente para garantizar el éxito dentro del mercado financiero. Los traders generalmente cometen errores que pueden disminuir la eficacia del análisis técnico, generando pérdidas inesperadas.

El error más común cometido por el trader es el deseo de obtener beneficios en el corto plazo. Los indicadores interpretados vuelven su mirada hacia el largo plazo, ya que las tendencias analizadas pueden durar incluso varios años. Si los resultados proporcionados por estos instrumentos se aplican a tendencias a muy corto plazo, entonces el resultado será sin duda negativo.

Otro error es centrar su atención sólo en uno o dos indicadores. Cada indicador, de hecho, muestra sus puntos fuertes cuando se aplica durante una fase de mercado determinada y especialmente cuando se combina con la acción de otros instrumentos.

La emoción es otro elemento que debe distanciarse durante el curso del trading. El analista técnico debe ser capaz de permanecer humilde durante las fases positivas y no rendirse durante las negativas. Nunca debe ser sacado por la voluntad de recuperar inmediatamente una pérdida, pero debe tratar de permanecer siempre racional y objetivo. Para ello, también puede confiar en sistemas de trading automatizados, conocidos como el Trading System. Por supuesto, para tener éxito en el mundo del trading no es suficiente seguir a la mayoría. Si una señal indica un evento contrario al previsto por la mayoría de los participantes en el mercado, el analista técnico está obligado a seguirla, sin tener en cuenta lo que hacen otros inversores.

La implementación de una estrategia compleja y enrevesada puede ser contraproducente. Los supuestos de Análisis Técnico son simples en sí mismos, y la misma simplicidad debe reflejarse dentro de su estrategia comercial. La complejidad es, de hecho, la causa de errores, a veces incluso triviales, que pueden hacer estallar todo el análisis realizado. Por último, el último error común es la intención de analizar y anticipar cada fluctuación del mercado único. Tener éxito actuando de esta manera es casi imposible. De hecho, es necesario identificar sólo los puntos principales que pueden relacionarse con un giro, una pausa o una continuación de la tendencia. Sólo una vez que todos estos conceptos hayan sido asimilados el analista técnico será capaz de actuar objetivamente en el mercado y generar beneficios cada vez mayores, logrando así el éxito en el mercado financiero.

www.ingramcontent.com/pod-product-compliance
Lightning Source LLC
Chambersburg PA
CBHW070425220526
45466CB00004B/1551